Vorstellungsbuch

Zollbrücke

Paris

Berlin

Warschau

Visionen, Pragmatismus, Glück

Zollbrücke kennt keinen Durchgangsverkehr. Wer sein Auto in das Dorf vor dem Oderdeich lenkt, wollte genau dorthin.

Ein Sackgassenschild einen Kilometer vor dem Ortseingang hält den letzten mutwilligen Streuner vom Weg nach Zollbrücke ab.

Als Treffpunkt für Verrückte, Visionäre, überhaupt erst einmal Denkende (noch ohne den verbrauchten Vorspann „Anders-") sieht der Musiker, Bauherr, Intendant und Pläneschmieder Tobias Morgenstern das Theater am Rand.

Seit den 80er Jahren bereits im Oderbruch wohnend ist er die treibende Kraft der Veränderung. Das von ihm gekaufte Haus war die Keimzelle des Theaters. Der bärtige, von langem Lockenhaar umwehte Mann mit der Vorliebe für karierte Hemden entwarf die anthroposophisch inspirierten Pläne, die – von einer Ingenieurin in die Fachsprache für Ämter und für Handwerker übersetzt – die Anleitung zum Bau eines neuen hölzernen Theaterhauses für 200 Zuschauer und des 400 Besucher fassenden

Amphitheaters darstellten. Morgenstern ist auch der Mann, der begeisternd von der Kunst des Zimmermanns Veit Templin und den ungeheuren Fähigkeiten des Holger Rüdrich, mit Kettensäge und Radlader umzugehen, zu berichten weiß.

Sein Kompagnon Thomas Rühmann setzt dann ein feines, staunendes Lächeln auf. Auch nach über zehn Jahren im Oderbruch wirkt der Leipziger Schauspieler noch immer wie ein Städter. Der Star der Arztserie „In aller Freund-schaft" bringt einen Hauch der Welt des Erfolgs, des Machbaren, des pragmatisch Funktionierenden in die wilde Welt der Visionen des Tobias Morgenstern ein.

Doch wenn es um die künstlerische Arbeit im Theater geht, verkehren sich die Rollen. Dann ist Rühmann plötzlich der Visionär, der sich von einem Roman gefangen sieht und aus der Lektüre Universen formen will, die der Pragmatiker Morgenstern dann radikal beschneidet. „Er liest die Bücher, die ich ihm

3

vorschlage, meist nur halb. Und dann sagt er, dies muss raus und das muss raus", erzählt Rühmann – und gibt dem Strichezieher und Strukturierer Morgenstern im Nachhinein sogar noch recht. Über die Jahre hat sich diese Arbeitsweise herausgebildet und perfektioniert. Morgenstern sorgt für die Infrastruktur. Rühmann bringt die Stückideen und formt sie aus. Morgenstern konsturiert sie. Und dann stehen sie gemeinsam auf der Bühne. Die Stücke sind mit Realität gesättigt. In ihnen ist

das so menschliche und weitverbreitete Scheitern mit Händen zu greifen. Doch immer auch berührt der Flügelschlag der Befreiung die handelnden Akteure. In der Texas-Geschichte „Mitten in Amerika" werden die industriellen Schweinefarmen besiegt. Das Stück gastierte in Orten im Osten Deutschlands, in denen Bauern gegen Schweinefarmen protestierten. In Querfurt, wo Rühmann & Morgenstern auftraten, wurde so eine Schweinefarm verhindert. Ihren Teil dazu beigetragen zu haben, macht die

Das Theater am Rand beweist die Realitätstüchtigkeit von Wundern

Künstler stolz. Für beide bedeutet Glück, sich einbringen zu können. Für Morgenstern ist es zudem ein Glück, sich in Zollbrücke als baulicher Visionär und Schöpfer eines Zentrums für andere Visionäre zu verwirklichen. Für Rühmann ist es ein Glück, als Ausgleich zur ebenfalls geschätzten Fernsehtätigkeit hier seine eigenen theatralen Welten entwerfen zu können. Beide sind Träumer. Beide haben aber auch eine Appartur ersonnen, die ihnen hilft, ihre Träume solcherart Gestalt annehmen zu lassen, dass sie für andere sichtbar werden. Und darüber sind sie erst recht glücklich.

Wenn es allein daran liegen sollte, dass solch ein Reich nur in einer Straße ohne Ausgang entstehen kann, müsste man die ganze Welt mit Sackgassenschildern pflastern.

Tom Mustroph

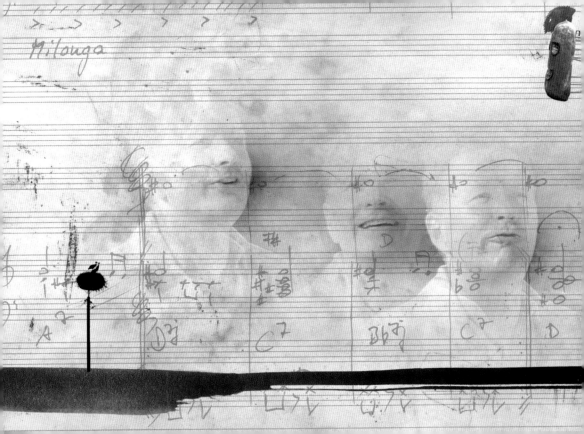

Morgenstern und Rühmann studieren. Der eine in Weimar, der andere in Berlin. Mo lernt Noten und Akkordeon, Rü Bühnensprache und die Mitte einsetzen. Dann geht's auf die Bretter. Der eine kämpft als „Armer Ritter" am Gorki, der andere gründet L'art de Passage. Mo arbeitet mit Schöne, Wegner, Mey, W. Böwe, Krause-Zwieback. Rü mit Schroth, Hetterle, Winkelgrund, Werner, Lennartz, Manchen, Lingk.

Mo komponiert Filmmusik: „Matulla und Busch", „Stilles Land", „Nachtgestalten". Rü kommentiert Literatur und liest: „Horns Ende", „Anschlag auf Visionen", „Die Ästhetik des Widerstands". Man sieht und hört sich.

Am Gorki. Im Kesselhaus. Beide unterrichten Studenten ihres Fachs. Beide spielen bei Andreas Dresen. Mo schreibt Kompositionen für Symphonisches Orchester und Akkordeon, wird uraufgeführt im Staatstheater Cottbus. Rü verläßt das Stadttheater und unternimmt Ausflüge in die Welt des Fernsehens. Der eine produziert fast 50 LPs und CDs. Der andere macht nicht ganz so viele Filme und Filmchen. Beide entdecken die schöne Langsamkeit gemeinsamer Arbeit. Rü wählt die Geschichten aus, dramatisiert und erstellt die Bühnenfassungen, Mo komponiert, arrangiert und produziert die Bühnenmusik. Regie führen beide.

Foto: Dieter Haase

„Sein Auge war wie ein Ohr,
in dem es jedesmal knisterte,
wenn er einen Blick auf das Akkordeon warf."

Ein Instrument spielt sich durch die Zeiten. Von einem Jahrhundert ins nächste, von Hand zu Hand, von Italien durch Amerika. Es klingt vielsprachig wie die Lieder und Tänze der Einwanderer. Cajun, Tango, Musette, Ranchera, Polka, Blues.
Hundert Jahre Zweisamkeit eines Akkordeons und seiner Spieler.
Thomas Rühmann spricht, Tobias Morgenstern spielt „Das grüne Akkordeon" von Annie Proulx.

Spielort ist das deutsche Haussofa. Familiäre Bühne für Alltag, Feiertag, Todestag, Auf-, Ab- und Ausbrüche.
The Two Germans – zweie aus Berlin/Ost – wandern aus in die Neue Welt. Hinein in die klingenden, verschlungenen Geschichten von Annie Proulx. „La Merica" – zwischen Leben und Tod, Hauen und Stechen, Heulen und Lachen, laut und leise.
Am Ende stockt der Atem.

Accordion mystery

ein musikalisches Roman-Drama
mit Geschichten aus E. Annie Proulx'
Meisterwerk „Das grüne Akkordeon"

Regie und Mitwirkung:
Thomas Rühmann und Tobias Morgenstern

Presse

Aus dem Halbdunkel tropfen Morgensterns
Akkorde wie dunkles Harz zwischen die
Stakkato-Sätze Rühmanns. Der schickt das
„grüne Akkordeon" auf die geheimnisvolle
Reise. Sehnsuchtsland: Amerika. Unbegrenzte
Klaviatur der Schicksale.

Akkordeon

ein 80-bässiges, ein Hundertzwanziger, ein
60 Bass-Instrument, 41 Tasten im Diskant,
mit Konvertor, die Grundplatte im Cassotto,
Generalregister, 4 und 16 Fuß gekoppelt, ein-
faches Tremolo, dreifaches Tremolo, doppelte
Grundplatte, italienische Stimmplatten, Stimm-
stock, Balgfalten, Luftknopf, Balgriemen, Dis-
kantverdeck, Kinnregister

Foto: Renate Zeun

Die Entdeckung der Langsamkeit

„Und John hatte einen der Augenblicke,
die ihm gehörten.
Während man auf den Morgen zuschlich,
genoß er die Bewegung des Mondes,
die Verwandlung der Wolken am fast
windstillen Nachthimmel."

Ein Zehnjähriger, der zu langsam ist, einen Ball
zu fangen, will den Nordpol erobern.
John Franklin sieht anders, denkt anders, han-
delt anders als die Mehrheit.
Seine Langsamkeit wird zur Entdeckung eines
menschenfreundlichen Prinzips: Zukunft.
Der Schauspieler Thomas Rühmann liest aus
Sten Nadolnys Roman „Die Entdeckung der
Langsamkeit".
Der Musiker Tobias Morgenstern kommentiert
auf dem Akkordeon.
Lieder des Lausitzer Poeten Gerhard Gunder-
mann begleiten John Franklins spannende
Reisen auf dem Meer der Möglichkeiten.

"Er wurde den Zweifel nie ganz los,
ob solch kleine Zeichen,
wie Plus und Minus
wirklich von Bedeutung waren ......"

"Schnee
ist
im
Prinzip
sechswinklig"

Die Entdeckung der Langsamkeit
Eine musikalisch-szenische Lesung

Regie und Mitwirkung:
Thomas Rühmann und Tobias Morgenstern

Presse

„Morgenstern verwächst mit seinem Akkordeon zu einem magischen Orchester, intoniert Kommandopfiffe, Breitseiten, Schreie und stürzende Masten. Rühmann steckt als Franklin im arktischen Eis, wo er – immer auf der Suche nach der Nordwestpassage – mit seinem stoischen Gemüt seiner Besatzung das Leben rettet."

Tom Mustroph

langsam

Synonymwörterbuch:
1. bedächtig, gemächlich, geruhsam, lahm, zögerlich 2. begriffsstutzig, faul, phlegmatisch, schwerfällig, träge, umständlich 3. allmählich, schrittweise, unmerklich, zäh

Foto: Günter Linke

„Bisweilen, an windigen Tagen, stand er stundenlang am Ufer, um auf das Wasser zu schauen, das sich kräuselte und unberechenbare Gebilde formte, die wahllos in alle Richtungen glitzerten. Wenn man ihn gefragt hätte, hätte er geantwortet, dass sein Leben immer so weitergehen würde."

Eine Geschichte voller Leichtigkeit, Ferne und Musik. Erzählt wird die sonderbare Reise des Seidenraupenhändlers Hervé Joncour bis ans Ende der Welt. Ein Anfang.
SEIDE ist klassisches, literarisches Theater. Ein stilles Schauspiel, aus luftigem Stoff. Traumhaft. Eine Parabel über die Sehnsucht. Auf der Bühne findet nichts statt. Alles im Kopf des Zuschauers.

17

zur Premiere 2001 im alten Theater

NICHTS. SEIDE.

REISE IN SEIDE

SEIDEN REISE

DIE REISE DES HERVE JONCOUR

NICHTS, ALS SEIDE

SEIDENSUCHT

SUCHT NACH SEIDE

... SUCHE NACH ...

SEIDEN SUCHE

Seide
Eine west-östliche Novelle von
Alessandro Baricco

Regie und Mitwirkung:
Thomas Rühmann und Tobias Morgenstern

Presse
„Wer hier im Publikum sitzt, kann nicht umhin,
sich auf das Stück einzulassen. Gleichwohl gibt
es weder für Schauspieler noch Musiker den
kleinsten Fluchtpunkt. Eine Situation, die beiden Seiten viel abverlangt..."

Dominique Hensel

Foto: E. W. Schul

Im Spinnhaus. Ein Heimatabend.

„Was kann es Schönres geben,
als in einer ausgedienten Spinnerei
den Leuten etwas vorzuspinnen."
Kerstin Hensel

Die Geschichtenerzähler von Zollbrücke bauen ein Spinnhaus. Drinnen leben einsame, skurrile, fröhliche Weibsen: Zschiedrich-Lotte, Mühl-Susanne, Uhlig-Trulla. Ausgestattet mit erzgebirgischem Dialekt und lebensprallem Humor. Alt wie der Dunkelwald. Sperrguschen. Der Zuschauer betritt eine Hexenküche voll harter Sachverhalte, Zeitenänderungen und Personenschäden. Die Akteure erzählen die unheimliche Idylle eines Hauses und seines Jahrhunderts.

Im Spinnhaus. Ein Heimatabend.
Nach dem Roman von Kerstin Hensel

Regie und Mitwirkung:
Thomas Rühmann und Tobias Morgenstern

Gast: Jens-Uwe Bogadtke

Presse

„Rühmann knautschte, rollte, walkte die Worte
wie Wäsche. Sie dampften, so frisch erzählt, in
der Abendluft über der Oder und wurden allein
von seinem Miterzähler und Widerpart Jens-
Uwe Bogadtke geplättet. Es gibt viel schmutzige
Wäsche zu waschen."

Foto: Helga Par

„Beide Gebiete lagen in einer Landschaft metallenen Lichts, matt messingschimmernder Wolken."

Ein heiteres Stacheldrahtfest in 6 Akten zwischen Landmaschinen, Ölquellen, Schweinemast, Windrädern und einem alten Ass aus dem Ärmel.

Annie Proulx erzählt bitterböse, grimmige Geschichten um Wasser, Boden, Öl, Windräder und Schweinefarmen in den schmalen Panhandles von Texas und Oklahoma, einer abgelegenen Landschaft, flach wie ein Brett, mit hohem Himmel und atemberaubenden Sonnenuntergängen, die Bewohner versehen mit kontrapunktischem Überlebens-Humor. Dazwischen ein junger Mann namens Bob Dollar auf der Suche nach Lebenssinn. Am Ende steht die Frage: Sind wir noch zu retten?

MITTEN IN AMERIKA ist ein Spiel zu viert um die kräftigen, komischen, kriminellen, kulinarischen, sexuellen, elementaren Dinge zwischen Himmel und Erde.

Mitten in Amerika
Nach dem Roman von E. Annie Proulx

Regie und Mitwirkung:
Thomas Rühmann und Tobias Morgenstern

Gäste: Ursula Karusseit, Jens-Uwe Bogadtke

Presse

„...Aber was man da nun zur Schweinequal
hört, zur großen Sauerei, oder zu den Träumen,
die vollgeschissene Prärie zu räumen und sie
wieder den Büffeln zu überlassen, dann begreift
man diese Verführung zumindest der 80 Pro-
zent Besucher aus dem Umland: Es gibt wieder
etwas „zwischen den Zeilen" zu hören und zu
denken!" Wilhelm Pauli

Der Büffel von Sophie Natuschke:
Mähbinder, diverse Eisenteile,
Glasklunker und Draht

Foto: Rudolf K. Wern...

Stollen zu Viert — Die Weihnachtsrevue

Eine kulinarische Ska-Weihnacht. Fröhlich. Fromm. Feierlich.
Fünf Schauspieler und zwölf Musiker erzählen Fest-Geschichten vom Essen, Trinken und Lieben.
Von Daudet, Dörrie, Meckel, Thomas und anderen, dazu Lieder und Songs von Silly bis Ringelnatz.
Mit Winnie Böwe, Bärbel Röhl, Holger Daemgen, Matthias Freihoff.
Regie und Mitwirkung: Thomas Rühmann und Tobias Morgenstern

Randorchester Zäckericker Loose:

Christian Georgi	Flöte, Saxophon
Monika Schönfelder	Flöte, Saxophon
Natascha Zickerick	Tuba
Ralf Zickerick	Posaune
Jansen Folkers	1. Geige
Sophia Heide	2. Geige
Ulrike Paetz	Bratsche
Johann Hentschel	Cello
Rainer Rohloff	Gitarre
Wolfgang Musick	Bass
Philipp Schmitt	Drums
Tobias Morgenstern	Ltg., Piano, Orgel

Presse

„Mal heiter, mal besinnlich geht es dann durch alle Genres, wird zitiert und aufpoliert. Matthias Freihof überzeugt dabei mal mit romantischem Schmelz, mal jungenhaft charmant, Winnie Böwe mit hintersinnigem Witz und glockenhellem Sopran, Bärbel Röhl mit einer nahezu alles umfassenden Wärme …"

Foto: Günter Linke

Siddhartha – Wege zum Fluss

„Das ist ja ein schöner Fluss."
„Ja. Er weiß alles. Man kann viel von einem
Flusse lernen. Oft habe ich ihm zugehört.
Auch das habe ich gelernt: alles kommt wieder!
Auch du, Samana, wirst wiederkommen."

Fünf Schauspieler und ein Musiker betreten
eine innere Landschaft. Ein Mann, auf der Suche
nach der Balance von Glück und Leben, findet
sich selbst. Im Tempel des Windes, am Fluss der
Träume, im Herzschlag der Erde, im Glasperlen-
spiel der Worte. Der Europäer Hermann Hesse
schrieb eine alte Geschichte im indischen Ge-
wand. Seine Buddha-Dichtung avancierte zum
Kultbuch der weltweiten Suchbewegungen
und Gegenkulturen aller Zeiten. Das Theater
am Rand erzählt die Geschichte und nimmt
sich Zeit für eine Wanderung ins innerste Ich,
bis dahin, wo die Ursachen ruhen.

Siddhartha – Wege zum Fluss
Eine indische Dichtung von Hermann Hesse

Regie und Mitwirkung:
Thomas Rühmann und Tobias Morgenstern

Gäste: Ursula Karusseit, Cornelia Heyse,
Jens-Uwe Bogadtke, Matthias Brenner

Presse

„Diese Inszenierung, die zum sehr genauen
Hinsehen und Hinhören auffordert, ist eine an-
spruchsvolle Ergänzung eines Sommerausfluges
in eine Region, in der die Abstände zwischen
den Dörfern immer größer werden."
Christian Schindler

Der Fluss

Die Oder ist 912 km lang, entspringt im
Mährischen Gesenke, durchfließt Ober- und
Niederschlesien, das Oderbruch und den Balti-
schen Landrücken und teilt sich in zwei Haupt-
arme, die beide ins Stettiner Haff münden.

Und wenn es legt ein newen Schnee

Weihnachtliches zur Wintersonnenwende

Hatten die Mädchen nicht anständig gesponnen, so sagte die Mutter: „Spinnt, sonst kommt Frau Bercht, schneidet euch den Bauch auf, legt Haar hinein und zündet ihn an."

Zu Hören sind Werke von Telemann, Purcell, Dowland und anderen. Geschichten, Gedichte und Texte von Sachs, Brecht, Marquez und Eich. Mit Bärbel Röhl, Thomas Rühmann, Countertenor Harald Maiers und Capella Odra auf historischen Instrumenten unter Leitung von Tobias Morgenstern:

Catherine Aglibut	Violine
Ulrike Paetz	Viola dámour
Annette Rheinfurth	Gambe
Lou Paquin	Fagott
Rainer Schwander	Hackbrett, Saxophon, Flöte
Tobias Morgenstern	Piano, Orgel
Regie:	Thomas Rühmann und Tobias Morgenstern

Wir gehen zurück ins Mittelalter. „Da sich umwendt die sunn mit macht." Dahin, wo das heidnische Weihnachten begann. „Welch kind wird in der zeit geborn". Wo die Sprache knorrig klingt wie die Kälte. „Gar wohl thun Pelz und warme Stuben." Wir wagen den Sprung in die weihnachtliche Neuzeit. „Ein Juwelier der Schnee, er modelliert, wohin er fällt." Musiziert wird auf historischen Instrumenten. Ein Countertenor singt in der Art der Vorzeit. „Die sunn geht in des steinpocks horn." Die Geschichten sind irisch, norddeutsch, schwedisch, morgenländisch, weihnachtlich. „Drum stimmt die Liebe mit mir ein, der Winter soll mein Frühling seyn".

Vom Dunkel ins Helle

Ein nachtmorgendliches Experiment
Musikalische Improvisationen
mit dem beginnenden Tag

Regie und Mitwirkung:
Thomas Rühmann und Tobias Morgenstern

Gäste:
Wolfgang Musick   Bass
Wolfram Dix / Henry Osterloh   Percussion
Stefan Kling / Reinmar Henschke   Piano und
                                                         Harmonium
Volker Schlott   Saxophon
Jocelyn B. Smith   Gesang

sowie Radfahrer, Jogger, Nordic Walking
Gruppe, Angler, Motorrad, Radlader, Ketten-
sägen und Spielzeugauto

Beginn: 3 Uhr 14 Minuten

Foto: Jansen Folke

Hast Du von dem Iren gehört, der jeden Morgen eine Aufputschpille nehmen musste, um genug Energie zu haben, sich in der Apotheke die Beruhigungspillen zu holen?

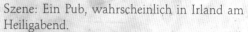

Szene: Ein Pub, wahrscheinlich in Irland am Heiligabend.

Ort: Wahrscheinlich Ballybradawn in North Cork.

Spieler: Maggie und Marie, zwei trinkfeste irische Wirtinnen

Hiccupps O' Railey, der Schluckauf-Mann

Ned Muddle, der geläuterte Räusenkönig

Mickey Dooley, der terroristische Torfdieb

Martin Scubble, der gotteslästerliche Ehemann

Musikanten: Die Stoutdreamers. Wahrscheinlich eine irische Kapelle an, auf und unter den Tischen des Pubs.

Handlung: Unglaubliche irische Weihnachtsgeschichten und jede Menge irische Witze.

Das Wunder von Ballybradawn
Eine wahrscheinlich irische Weihnacht

Regie und Mitwirkung:
Thomas Rühmann und Tobias Morgenstern

Gäste: Ursula Karusseit, Walfriede Schmitt

Natascha Zickerick	Tuba
Monika Schönfelder	Saxophone, Flöten
Susanne Werth	Gesang, Gitarre
Friedrich Barniske	Gitarre
Jansen Folkers / Thomas Prokein	Geige

Ausstattung / Bühnenbild: Lothar Holler

Foto: Michael Meinel

Wo war das noch und wann? In einem
hellen Augenblick.
Hat er das Gleichgewicht der Welt gespürt –
im Schnee. Die Stille gab ihm recht, die
Dämmerung, der Sterne Glanz.
In allem herrschte Zahl und Relation. Was
für ein Glück: Von Kohärenz durchdrungen
sein. „Ich habs gesehn. Wie alles schwebt im
Raum, fragil, und hält Balance."
Das war kein Wahn, kein frommes Staunen
vorm Arkanum.
„Ich hab gesehen, wie ein Gedankenstrich
durch alles zog. Wie sich ein Halsband
schlang um Pflanze, Stein und Tier."

Das Jahr 1619. Ein Ausnahmezustand. Der
Philosoph René Descartes gerät in die Kleine
Eiszeit. Er steckt fest im deutschen Schnee bei
Ulm. Eingeschlossen in eine Kammer, den hal-
ben Tag im Bett, gerät er in einen schamani-
schen Rausch von Fieber, Intellekt, Sinnlichkeit,
Frechheit. Er wird zum fröhlichen Totengräber
der mittelalterlichen Wissenswelten. „Ich denke,
also bin ich". An den Rand verschlagen, begrün-
det ein 23-jähriger einen Menschheitswen-
depunkt.
Die Inszenierung erprobt eine Grenzüberschrei-
tung. Durs Grünbeins betörende Verssprache
und elektronische Musik, Pantomime und
schamanische Trance. „Vom Schnee" ist Nerven-
kitzel, eine Provokation von Geist und Körper,
eine radikale Suche nach der Ganzheitlichkeit
unseres Tuns.

NEIN !

ja ja

43

Vom Schnee
Durs Grünbein

Regie und Mitwirkung:
Thomas Rühmann und Tobias Morgenstern

Gäste:
Nadja Engel, Dana Wolter, Robert Grosse

Presse:

„Mit Stirnlampen, wie Höhlenforscher, steigen Nadja Engel und Thomas Rühmann vom Dach hinunter in den völlig abgedunkelten Theaterraum.
Dana Wolter und Robert Grosse schaffen mit ihren Körpern Bilder. Das erinnerte mal an von Dämonen gepeinigte Seelen auf Bildern von Hieronymus Bosch, mal an sinnenfrohe Tänzerinnen von Hentri Matisse. Auf Stahlseilen, die geometrischen Geraden gleich den Raum zerschneiden, erobern sie das Theater bis unters Dach mit kraftvoller, ausdrucksstarker Körperlichkeit."

Heike Mildner

Grenzpfahl, Deich, dahinter der Fluss.
Zollbrücke im Oderbruch.
Das Theater am Rand liegt abseits der
Metropolen.
Am Anfang war die gute Stube für
55 Zuschauer.
Die Landschaft diktierte die Regeln.
Einfachheit, Professionalität.
Handgemachtes, mehrfach umgebautes
Theater.

Am Ende war noch Platz auf der grünen Wiese.
Ein neues Haus entsteht. Schritt für Schritt.
Widerständige Kunst und Natur gehen eine
Symbiose ein.
Zu Fuß in die Zukunft. Geschälte Eichen tragen
ein schützendes Dach.
Die eigentümliche Landschaft des Oderbruchs
wird ins Haus geholt.
Die Schrägheit der Konstruktion, die Abwesen-
heit von rechten Winkeln verweisen auf die

Wind (?)

Ästhetik des Theaters. Wind, Wetter, Abend-
sonnen, Mond und Sterne spielen mit. Die
Jahreszeiten sowieso.
Erzählt werden die beredten Menschen-
Geschichten dieser Welt.
Akteure und Betreiber des Theaters sind der
Akkordeonist Tobias Morgenstern und der
Schauspieler Thomas Rühmann. Sprache und
Musik, Bilder und Klänge, Worte und Noten
fügen sich zu etwas Drittem zusammen.

Dieses Dritte ist unser Repertoire.
Das freie Spiel trägt weit.
Entscheiden Sie selbst, was Ihnen der Theater-
abend wert ist.
Wieviel Zoll sind Sie bereit zu zahlen, wenn Sie
die Brücke begehen zwischen Ihrer Gegenwart
und unserer Zukunft, zwischen Ihrem Gewinn
und unserem Verlust. Regulärer Eintritt bei Aus-
tritt. Zahlen Sie, was wir brauchen.

Thomas Rühmann

Unsere ungeschriebenen Baugesetze

Wenn Du ein Schiff bauen willst, dann trommle nicht Männer zusammen, um Holz zu beschaffen und Arbeit einzuteilen, sondern lehre die Männer die Sehnsucht nach dem weiten, endlosen Meer.

Antoine de Saint-Exupéry

Wer mit uns baut, muss auch ein Künstler sein, ein Musiker, ein Bildhauer…
Denn hier wird so gebaut, wie man Musik macht (Bauen ist wie Musizieren), die Improvisation steht im Vordergrund.
Wir bauen ohne das Prinzip des rechten Winkels.
Augenmaß und das Gefühl für den Baukörper und seine Ausstrahlung sind weitaus wichtiger.

Das Bauen wird zu einem selbstständigen Entstehungsprozess, der seine eigene Dynamik und damit die Vielfalt der baulichen Ausführungen hervorbringt.
In der Entwurfsphase gibt es keine Regeln und keine Einschränkungen.
Die Freiheit der Idee und die Vielfältigkeit des Raumes sind Freunde des gestalterischen Erfinders.

Von uns Gebautes ist wie Natur, immer in Veränderung, es wächst, organisch und in Abschnitten, weniger planmäßig.

Wir sind nie fertig mit dem Bauen, alle baulichen Etappen müssen nutzbar sein.

Wir bauen mit Zeit. Es gibt keinen ökonomisch-wirtschaftlichen oder refinanzierungsbedingten Fertigstellungsdruck.

Für künstlerisch geprägte Bauprozesse gibt es keine Maßstäbe oder Einheitspreise.

Die Aufgabe besteht nicht darin, etwas Genehmigungsfähiges zu bauen, sondern für das Entstandene, teils erst während des Bauens oder nach abgeschlossenen Bauetappen, einen anerkannten Genehmigungsnachweis zu erarbeiten.

Tobias Morgenstern

Am Anfang standen Fragen wie Proportionen, Licht, vorhandene Ströme von Energie und Dingen, die Berücksichtigung kosmischer Gesetzmäßigkeiten und der Wunsch, mehr Natur ins Haus zu holen und alle Varianten von Wetter mitspielen zu lassen.

Mittels Blockbausystemen, die als variable Bühne an verschiedenen Punkten des Grundstücks benutzt wurden, konnte ich Erfahrungen für die grundsätzliche Anordnung der zu errichtenden Baukörper sammeln.

Dann entstanden zeichnerische Versuche und mehrere Modelle für einen offenen Theaterraum, in dessen Ergebnis u. a. folgende Kriterien maßgebend waren:

Der Bühnenstandort Westen mit gleichzeitiger Nutzung von Naturlicht und künstlichen Lichteffekten, ein Schutz zur Straßenseite, die Schließung eines inneren „Hofes" durch das Open-air-Gradin, die Einordnung der höher und tiefer gelegenen Punkte in den vorhandenen Landschaftswuchs bei gleichzeitiger Offenhaltung von Fluchten und Blickrichtungen …

Aus weiteren, detaillierteren Modellen gewannen wir die wesentlichen Erkenntnisse für Technologie, Verbindungen und Materialumfang.

Es gab kaum Detail- oder Bauzeichnungen.

Die gesamte bauplanerische Tätigkeit wurde von Angelika Brückner geleistet.

Das Zusammenspiel von Entwurfsgestaltung, Fachplanung und Bauausführung, und die ständige Begleitung und Betreuung des Baugeschehens durch mich als Gestalter ermöglichte zu jeder Zeit eine große Flexibilität und Offenheit im Baufortschritt.

Tobias Morgenstern

Veit mit Lehrling Alex

Wendeltreppe zur Empore

Baumeister Veit Templin

Theaterinnenraum mit
Zuschauersitzen und Lichtnest

Das Theater
Baumeister Veit Templin

Die Bauweise des Theatergebäudes ist eine Mischung aus traditioneller und moderner Holzbauweise.

In den beiden großen Gelenkrahmen befinden sich Stahl-Inlays, die auf der durchgehenden Bodenplatte verschraubt sind. Die Stiele sind aus Eiche. Die Dachkonstruktion besteht aus Nadel- und Leimholzverbindungen. Die Hölzer aller Gebäude stammen ausschließlich aus der näheren Umgebung.

Der gesamte Bühnenhintergrund sowie die Nord- und Südportale lassen sich komplett und schnell öffnen. Damit blickt der Zuschauer auf die umliegende Landschaft, die so zum Teil des Bühnenbildes wird.

Mit der überdachten Bühne im Westen beherbergt das Gebäude bis zu 200 Zuschauer und ist mit der mobilen Winterschließung die ganzjährig bespielbare Variante. Die Beheizung erfolgt durch einen Bullerjan mit Holz.

Das geöffnete Südportal ergänzt die Open-Air-Bühne. Für die Sommermonate ist die Benutzung des Open-air-Gradins für ca. 450 Personen ausgelegt.

Im groben naturbelassenen Stil wurden von Holger Rüdrich in Kettensägentechnik die Zuschauerränge, die Galerie, die Loge mit Lichtnest, die Wendeltreppe, die Getränke-Bar u. a. erschaffen.

Framo Baujahr 1956
ein Mädchen für alles

Holz, Stein, Lehm, Gras - das Künstlerhaus

Das Künstlerhaus
Baumeister Veit Templin / Reinier Scheers

Das Künstlerhaus besteht aus einer lastabtragenden Holzkonstruktion aus Naturstämmen. Die Wände sind gemauert und innen und außen mit Lehm verputzt.

Die keramischen Mosaike stammen von Susanne König.

Dieses Gebäude dient als Aufenthalts- und Vorbereitungsraum für die Künstler und alle anderen Theatermitarbeiter.

Es bietet ebenfalls Platz für Kostüme und Requisiten sowie einen Schlafboden.

Gradin und Turm
Holger Rüdrich / Martin Lorenz

Das Open-air-Gradin ist eine leicht aufgefächerte Holzkonstruktion mit Sitzbänken und begehbarer Hochebene. Die Stiele bestehen aus Robinie oder Eiche und sind nicht gegründet. Die Sitzbänke des unteren Gradins sind ebenso wie im Theater aus Pappelholz gearbeitet. Auf dem Plateau gibt es eine variable Bestuhlung sowie zwei Hochtraversen rechts und links des Turms. Der Hauptzugang führt von der Straße unter dem Beleuchtungs- und Technikturm hindurch direkt zum Plateau.

Holger,
dem Himmel nahe

Holger Rüdrich
verwandelt gestalterische Ideen in Wirklichkeit

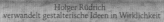

die Toiletten, Innenleben der Konstruktion

die Toiletten

Trocken – Trenn – Toiletten
die schönsten abwasserlosen Toiletten
des Oderbruchs

Neue Wege sind auch gegen die bestehenden
Auffassungen sowie gegen die gültigen Gesetze
von Abfall- und Entsorgungswirtschaft not-
wendig.
Die Wertschöpfung aus Abfällen und Fäkalien
hat im natürlichen Stoffkreislauf viel Gewicht
und Bedeutung. Wenn Produktion und Ver-
brauch sowie die Rückführung aller Abfälle
nahtlos aufeinander abgestimmt sind, kann
sich das Naturgeschehen innerhalb geschlosse-
ner Kreisläufe abspielen.

Apfelgarten mit BaumPilz
Holger Rüdrich

Im Apfelgarten können die Zuschauer ruhig
und geschützt an kleinen Tischen verweilen,
auf Bettgestellen und in Hängmatten lagern
und mit Kaffee und Wein die Veranstaltungs-
pausen und die Zeit nach der Vorstellung ver-
bringen.
Ausstattung sowie der Baumpilz sind Arbeiten
von Holger Rüdrich.

Idee, Gesamtentwurf und architektonische
Gestaltung Tobias Morgenstern

57

Almut Undisz, Geschäftsführung / Organisation

Annette König, Reservierung / Werbung

Künstlerisches Betriebsbüro

Wem gehört eigentlich die freundliche Stimme auf dem Anrufbeantworter?
Wer zählt das viele Geld in den Glasvasen und faltet die 3-fach gefalzten 5-Euro-Scheine auseinander?

Almut Undisz ist Geschäftsführerin des Theaters und leitet die gesamte Öffentlichkeitsarbeit, organisiert Gastspiele und erstellt drei Mal im Jahr den neuen Spielplan.

Annette König beantwortet bisweilen einhundert E-Mails und ebenso viele Anrufe am Tag, gestaltet den Spielplan, entwirft die Austrittskarten, betreut die Webseite und die Mitfahrgelegenheiten im Internet. An Vorstellungsabenden trifft man sie mit langen Reservierungslisten am Einlass.

Was ist eine Schönwetterreservierungsbestätigung?
Es gibt normale Reservierungsbestätigungen, die in jedem Fall gelten, egal, ob im Haus oder unter freiem Himmel gespielt wird. Und es gibt Schönwetterreservierungsbestätigungen, die nur in letzterem Fall gelten. Die Hauptrolle spielen also Sonne, Wind, Wolken und die Temperatur.
400 Zuschauer haben reserviert. 200 davon hoffen auf schönes Wetter. Aber es regnet.
4 Stunden vor Vorstellungsbeginn die Entscheidung: Einrichtung im Haus.
AB ändern: „Kein schönes Wetter…, Vorstellung innen". Einen Vermerk auf die Webseite.
200 feuchte Augen. 2 Stunden später: Sonne… für einen Umbau zu spät. Wer dennoch kommt, kann auf Restplätze hoffen.

Max Berthold, Chef, Bühnenmeister

Carl-Darius Berthold,
Stift

Michael Meinel,
Berater, Tonmeister

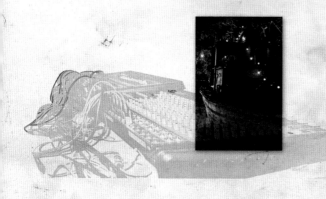

Wir haben keine Drehbühne, keinen Fundus, keine Kostümabteilung, keine Maske, kein Kulissenhaus.
Wir haben keine Züge, keine Nebelmaschine …

Unser Fundus sind die Schrottplätze, unsere Kulisse ist die Natur, unser Nebel echt, unsere Maske die gute Laune.

So gelingt es unseren Ton-, Licht- und Bühnentechnikern Max Berthold, Michael Meinel und Carl-Darius Berthold auch mit einer bescheidenen technischen Ausstattung, den Theaterraum phantasie- und kunstvoll zu verwandeln.

Udo Werner
Hausmeister

Kristin Weiland
Gärtnerin

Udo Werner und Kristin Weiland räumen, reparieren, ordnen, sägen, heizen, putzen, bauen Kulissen, hängen Horizonte, stellen Stühle…
60 Anmeldungen = 3 Stuhlreihen,
100 Anmeldungen = 5 Stuhlreihen,
ausgebucht – Achtung die Notausgänge,
noch mehr: die Klappen nach draußen öffnen.

Sie zeigen den letzten Gästen die allerletzten Plätze im überfüllten Theater, reichen Sitz-kissen, konfiszieren Fotoapparate und Video-kameras, suchen und finden die verlorenen Brillen und Börsen.
Den Neugierigen erklären sie freundlich, dass das Stahlschiff nicht seit dem letzten Hoch-wasser hier steht, die Eichenstämme nicht durch die Bodenplatte gewachsen sind und dass das Theatergelände außerhalb der Vor-stellungszeiten geschlossen ist, der Ziegenhof Rubin sich jedoch am Wegende in 500m befindet.

Dorette Schwerdtner - eine Hilfe

Dorothee Rüdrich, Chefin der Gastronomie

Öhlberg Weine, Rheingau
Hirt Albrecht weiß t.
Hammler, weiß, tr.
Hirt Albrecht rot, tr.

Schmalzstullen? Nein. Bei uns gibt es kein Schwein. Order vom Intendanten!
Rotwein möchten Sie? Leichten oder kräftigen? Nein, trocken sind beide.
Bier haben wir auch nicht. Aber Plätzchen von Frau Krüger. Und eigene Äpfel aus dem Garten zum Mitnehmen.

Dorothee Rüdrich, Dorette Schwerdtner und ihre Gehilfen bieten nur Weine an, die aus bio-dynamischem Anbau aus dem Rheingau stammen. Ziegenkäse liefert der benachbarte Ziegenhof, das Brot bäckt der alteingesessene Letschiner Bäcker Kummerow und die Kräuterbutter wird selbst gerührt. Hinter den Kulissen gibt es Suppen und Kuchen für die Künstler. Geplant und gewünscht ist ein Jazz-Imbiss, ein kleines vegetarisches Restaurant mit ausgewählten Lammgerichten.

Laura Undisz

Kenneth Anders, Kulturwissenschaftler

Randthema — Podium für kritische Betrachtungen

Die Scheißkantate befremdet,
die Börsensonnette verblüffen,
die Ode an die Selbstversorger ermutigt.
Eine künstlerische Uraufführung eröffnet
für gewöhnlich das Randthema.

Seit dem Jahr 2006 organisiert der Verein Theater am Rand e.V. unter der Leitung von Laura Undisz eine Veranstaltungsreihe, die selbständig und unabhängig von den Theatervorstellungen in regelmäßigen Abständen über das gesamte Jahr verteilt stattfindet.

Bisher wurden unter anderem wortreich, bildgewaltig und diskussionsfreudig verhandelt: „Landwirtschaft ohne Gentechnik", „Geld – Wurzel aller Übel", „Die Lebensmittel-Lüge", „Abfall und Stoffkreisläufe", „Nachhaltige Landnutzung", „Wasserhaushalt im Oderbruch", „Zukunftsfiktionen über das Oderbruch …", „Die weite Welt der Subsistenz".

Und manchmal verwandelt sich die Wut der brandenburgischen Abwasserrebellen in ein befreiendes Lachen über die Schildbürgerstreiche dieses preußischen Staates.

Thomas Winkelkotte

Fizzcarraldo

Die Könige der Nutzholzgewinnung

Das Theater am Rand
zieht das Schiff für „Siddhartha"
über den Deich.

Eine laue Sommernacht, 100 Zuschauer unter dem weiten Sternenhimmel und auf 8 x 6 Metern Leinwand zieht Fizzcarraldo seinen Amazonasdampfer über den Berg, durch den Urwald.

Immer gibt es eine Korrespondenz zwischen dem Ort der Filmaufführung und dem Film selbst, einen neuen Blick vom Rand, bis an den Rand.

Das Sommerkino Reichenow mit Thomas Winkelkotte und Imma Harms zeigt ausgewählte Filme, die Themenreihen wie Filme mit Holz, Filme mit Schiffen oder Theater im Film zugeordnet sind.

Erst „Shakespeare in love" und „Sein oder Nichtsein", dann Kettensägengebrüll bei „Könige der Nutzholzgewinnung". Bruno Manser im Regenwald auf Borneo eröffnete gleichzeitig die Ökofilmtour in Zollbrücke.

Das weite Land kehrt nach Kurzfilmen über das Oderbruch mit „Stilles Land" von Andreas Dresen wieder.

Morgenstern — Rühmann

Auf jeden Fall improvisierte Musik, mit stilistischer Freiheit, handwerklich gekonnt, nichts gekünsteltes, vielleicht zeitlos.

Was würden Sie spielen, um einem Fremden von Ihrem Theater zu erzählen?

Wahrscheinlich Naldolnys „Entdeckung der Langsamkeit".
Da steht alles drin. Die langsame Arbeit ist die wichtigere.

Wir geben mündlich weiter, was uns unter die Haut geht.

Nur, dass heutzutage laufend mittendrin fotografiert wird.

Ich spiele meine Freiheit, mein Verständnis zu unserer Wel
meine Empörung, meine Hoffnung,
meine Abneigung,
meine Freude, meine Denkart, meinen Willen...

Für zwei Stunden die Zeit anhalten
und eintauchen
in die harten und fröhlichen Menschenfragen.
Liebe. Tod. Sinn. Überleben.

nen großen Raum für große Geschichten.

Freilich sind die Gesichter nicht mehr so nah.

Wir haben ein anderes Verständnis über Gewinn, Verlust und Entwicklung.

Am befreiendsten ist es, wenn die Schmerzen
sich in Lachen verwandeln.
Dann sind sie vielleicht durchgestanden.

Wir sind eher ein runder Tisch.

Wir kommen uns einfach nicht in die Quere. Jeder hat seine Tugenden und Stärken,
die er dem anderen bereitwillig abgibt.

Jemand hat mal über uns gesagt, wir seien ein Theater der friedlichen Gegensätze.

Rü hat kurzes und ich langes Haar!

Frei sein.
Wie erhält man das Geheimnis?

Durch ziemlich schwere Arbeit am Wort, am Text, am Spiel.

„Das freie Spiel trägt weit…" Wie weit?
Ungefähr bis Ferdinandshof.

Bis zum nächsten Hochwasser. Wir sind gut gerüstet.
Die Stämme werden halten.

Lässt sich das „Theater am Rand" als Modell auch an einem anderen Ort aufbauen?
Mo: Ja natürlich, beim Transport könnte manches zu Bruch gehen, aber mit etwas Geduld…

Ich will ein großes Zentrum
für künstlerische, geistige, ökologische, regionale Aktivisten und Erfinder gründen.

Und ein vegetarisches Restaurant.

Mit ausgesuchten Fleischgerichten.

Ich warte auf die Geschichten, die wir im richtigen Moment finden.

Manchmal sitzen wir auch nur und reden gar nix.
Aber Wein sollte dabei sein.

Ich beginne anders zu atmen. Es ist die Vorfreude auf einen Ort des Glücks.

... Auf der Basis
einer rein anthropozentrischen Sicht
ist keine anhaltende Verbindung
von Natur und Kultur möglich.

Wir versuchen es trotzdem.

Warum das Theater am Rand arbeiten muss

Warum gründet man ein Theater am Rand? Das Theater ist eine Institution der städtischen Bürgerlichkeit, es steht gewöhnlich so zwischen Marktplatz und Zeitungsredaktion – von hier strömen die vielen Menschen ein und da werden die Kritiken geschrieben. Zwischen Kühen und Treckern, Mücken und Touristen – kann man da überhaupt Kunst machen?

Warum sonst sollte man ein Theater gründen? In Deutschland hat man sich eingerichtet: Die einen in Wirtschaft und Verwaltung, die nächsten in der Bildung, wieder andere im Umweltschutz und in der Kunst. Es gibt ideale Bedin-gungen und gute Tarife, das Land ist vertikal und horizontal bestens aufgeteilt in Zuständigkeiten. Selbst als Unterprivilegierter hat man seinen festen Platz. So lebt es sich bequem, aber es hat einen Haken: Wenn es eng wird in den säuberlich eingeteilten Bereichen, bekommen die Leute Angst, sie könnten herausfallen. Dann bleibt nur noch eine Devise: Keine Fehler machen. Und wer keine Fehler machen will, hält sich streng an seine Zuständigkeiten, die er zur Sicherheit recht eng auslegt. Dadurch wird das Terrain, auf dem wir handeln, immer kleiner. Man kann nicht mehr treten, es könnte eine Überschreitung sein. Nur noch still stehen und auf das Populäre sehen. Und spüren, wie der Boden immer schlechter trägt.

Das Theater am Rand ist eine gezielte Überschreitung. Nicht, weil es im ländlichen Raum heranwächst; Brandenburg ist an vielen Orten kulturell aktiv. Aber Zollbrücke ist weder ein lieblicher Gutspark noch bietet es eine ausgediente Schlosskapelle, es wartet nicht mit historischen Marken auf und borgt sich keine politische Schirmherrschaft. Es liegt an den Grenzen, die sich von hier aus in die Ferne ziehen: Deutschland und Polen, Genmais und Ökolandbau, Wasserflut und Wassermangel, Biber und Melioration, Hartz 4 und Tourismus, Leben und Überleben. Es versucht, diese Grenzen zu nutzen, denn aus Widersprüchen entsteht Spannung. Die Kontraste sind ideale künstlerische Arbeitsgrundlage – und sie sind weit mehr als das. Das Land und das Leben müssen neu gefunden und definiert werden. Andernfalls würde es wohl nicht lohnen, die Leute aus der Region und von anderswo hierher zu locken.

Also baut man ein ungewöhnliches Haus, die Anklänge an die anthroposophische Architektur sind nicht zu übersehen. Damit wird keine Lehre vermittelt, vielmehr werden Eigensinn und Unabhängigkeit initiiert; beides soll sich auf dem Gelände entfalten. Der Ansatz ist systemisch, immer mehr Menschen wirken mit, sie bauen und reparieren, sie organisieren und führen auf, sie beköstigen und betreuen. In jedem selbstbestimmten Tun ist etwas Schöpferisches, das hatten wir schon fast vergessen, so dass heute die Rede vom Schöpferischen fast etwas altbacken klingt.

Zehn Jahre nach der Gründung ist der Ort nicht mehr beliebig, er entwickelt seine eigene Logik im Raum, aus einem lokalen Impuls wird ein regionaler Zusammenhang. Wer sich etwas traut, kann hierher kommen, er wird offene Ohren finden und vielleicht auch einen Partner. Jedenfalls mangelt es nicht an Leuten, mit denen man Pferde stehlen kann.

Neben den Theateraufführungen wird die Reihe „Randthema" entwickelt: zentrale Fragen, aufgegriffen an der Peripherie. Unsere Verhältnisse zum Wasser, zum Essen, zum Geld und zur Luft stehen hier zur Debatte. Diese Abende sind speziell, sie nutzen die Möglichkeit der Kunst, Sprachregelungen zu durchbrechen, die geben Raum für unverbrauchte Positionen und machen beweglich. Die gewohnte Rhetorik wird hier durch ein dadaistisches Vorspiel unmöglich gemacht oder eine Scheiß-Kantate nach Friedensreich Hundertwasser öffnet einen neuen Blick auf den eigenen Abfall. Heiß ging es zuweilen her an diesen Abenden, Menschen aus der Region, Wissenschaftler und Gäste standen sich unvermittelt gegenüber und staunten über so viele offene Fragen. Erkenntnisse fließen in das Erlebnis des Abends, er ist es wert. Erfolg bedeutet hier, einen Schritt weitergekommen zu sein und Klarheit zu gewinnen.

Die Systeme, in denen wir leben, verlieren rasant ihre autopoietische Kraft. Sie produzieren redundante Botschaften, sie sind Komplexe der Angst zu verlieren. Eine Revolution wird ihnen nicht aufhelfen, sie müssen sich erneuern: von der Peripherie her.

Vom Rand.   Kenneth Anders

vor dem alten Theater, 1998

die Besitzer des ersten Theatergebäudes
in Zollbrücke vor ihrem Haus um 1900

Sommer 2007

Das neue Theater, 2008

Anzeigen und Dankesseite

In Zusammenarbeit mit dem Buschfunk Musikverlag wurden „Die Weihnachtsrevue" und „Das Liederfest", ein Mitschnitt vom Liederfest 2008, veröffentlicht. Diese CDs und Materialien zu einigen Randthema-Veranstaltungen sind zu den Vorstellungen im Theater erhältlich.

Unser besonderer Dank gilt:
Bauberatung und ingenieurtechnische Planungsleistungen: Dipl.-Ing. Angelika Brückner
Statische Berechnung: Ingenieurbüro Prof. Dipl.-Ing. Peter Bartram
Holzbau, Zimmerarbeiten, Maurerarbeiten: Baumeister Veit Templin, Reinier Scheers,
Frieder Oberländer, Sandro Kristen, Kuno Brener
Wasserbau, Gründach: Klaus Scholz, Jan Tretow
Innenausbau, Gradin, Objekte: Holger Rüdrich, Martin Lorenz
Elektroinstallationen: Bernd Klemer
Bühnen-Theaterlicht: Firma Limax, Jens Adam
Permakulturgarten: Ute Boekhold
Keramische Arbeiten: Susanne König

Anfangsbauphase 2004/05 gefördert durch Leader+, Andreas Schmidt

Das Theater am Rand bezieht Strom von Greenpeace Energy.